Analyse Burlesque
de l'Entremetteur de Mariages
et
du Caffé du printems.

Y

2e. ÉPITRE

DU

POÈTE DU GROS-CAILLOU ;

Contenant l'Analyse burlesque de

L'ENTREMETTEUR

DE MARIAGES,

ET DU

CAFÉ DU PRINTEMS,

Comédies représentées sur le Théâtre de l'Impératrice.

PARIS,

Chez MARTINET, Libraire, rue du Coq ;

Et chez tous les Marchands de Nouveautés.

1811.

L'ENTREMETTEUR DE MARIAGES.

Du Cros-Caillou, le 3 Juillet 1811.

L'Entremetteur de Mariages,
Tel est l'intéressant objet
Qui va me fournir le sujet
De te barbouiller quelques pages...
    Cet ouvrage sans intérêt,
Sans plan, sans action, sans style,
Hier eut un succès complet,
Et cela m'échauffe la bile.
    Un docteur, espèce de fou;
Un père, espèce d'imbécile,
Tantôt bon, tantôt loup-garou;
Un frère au maintien doux, honnête,
Qui cherche à faire de l'esprit
Et qui ne sait trop ce qu'il dit;
Enfin, pour completter la fête,
Deux amans comme on n'en voit plus,
Qui, sans s'être jamais connus,
Prennent feu comme une allumette,
Et vont d'un pas accéléré,
De l'entrevue au nœud sacré.
Tels sont, mon cher, les personnages
Qui, par de fades bavardages,
De vers lâches et mal conçus,
De discours vagues et diffus,

Enfin, par mille radotages,
Forment trois actes décousus.
   Quel est le père de famille
Qui promet la main de sa fille
Sans auparavant discuter
Le lieu qu'elle doit habiter?
Celui qui dans cette occurrence
Pourrait ainsi se comporter
Serait taxé d'extravagance,
Et devrait, pour bonnes raisons,
Loger aux Petites Maisons.
C'est pourtant ce que fait le père :
A l'hymen il a consenti,
Et quand le message est parti,
Il laisse éclater sa colère,
Sur ce que le futur beau-père
Ecrit au docteur poliment,
Que pour mieux voir sa belle-fille
Au sein même de sa famille,
Il lui destine un logement.
Or, c'est sottise bien réelle,
Que pareille discussion,
Car, à moins d'explication,
La chose est fort peu naturelle
De voir en cette occasion,
Le mâle aller chez la femelle.
Comme il faut que l'Entremetteur
Trouve en son chemin des obstacles,
Afin d'opérer des miracles,
Il a bien fallu que l'auteur
En fît naître de quelque sorte :

Mais il aurait pu trouver mieux :
Celui-ci, le diable m'emporte,
Est trop tiré par les cheveux.
Vient ensuite la demoiselle
Qui, pour augmenter l'embarras,
Veut aussi faire la rebelle ;
Elle oppose le même cas
Que vient de mettre en jeu son père,
Et cette répétition
Ici n'est guère de saison.
    Le prétendant avec son frère
Sont introduits dans la maison.
    L'auteur semble ignorer l'usage,
Et je tronve qu'il est peu sage
De faire paraître un blanc bec
Qui vient, en habit de voyage,
Pour faire son salamalek :
Une pareille impertinence
N'est guère de mode à Paris :
Et certe on doit être surpris
De voir choquer la bienséance
Avec autant d'extravagance.
Dira-t-on que, dans ce moment,
Il n'a point trouvé le beau-père ?
Mais il pouvait fort bien se faire
Qu'il fût dans cet appartement,
Et puisqu'il doit incessamment
Ressortir pour faire toilette,
Il eut mieux valu décemment
Avant d'entrer qu'elle fût faite.
    Notre jeune homme au beau museau,

Vient donc, faisant le damoiseau,
Et dédaignant le mariage,
Dire qu'après mûr examen
Il préfère aux nœuds de l'ymen
Les douceurs du libertinage :
Nouvel obstacle que l'auteur
Veut fournir à notre docteur,
Et moi, répétant mon adage,
Je m'écrie encor de mon mieux
» *C'est trop tiré par les cheveux.*
    Enfin les appas de la belle
Amolissent ce cœur rebelle.
Tout n'est pas fini, cependant,
Car ici nouvel incident,
(Plus extravagant qne les autres)
Qui lasserait assurément
La patience des apôtres,
Vient mettre celle du docteur
Cruellement à la torture.
    Le père, obstiné radoteur,.
Après avoir fait la peinture
De la pitoyable figure
Que fait un vieillard sans moyen ,
Lorsqu'il a donné tout son bien,
Pour ne rien mettre à l'aventure
Dit qu'il veut conserver le sien,
Et quoique dans la circonstance ,
Cet hymen lui convienne fort,
Sans ébrécher son coffre-fort ,
Sans donner aucune assurance,
Enfin sans le moindre cadeau ,

En tendre père de famille,
Il veut que, *gratis pro Dèo*,
Le galant épouse sa fille.
Le frère a beau représenter
Qu'il doit se soumettre à l'usage,
Qui dit au père de doter,
Les enfans qu'il met en ménage;
Que s'il en agit autrement,
Quoiqu'elle soit jeune et gentille,
La sienne court assurément
Un grand risque de mourir fille;
Rien ne peut ébranler son cœur,
Et ce sot, qui fait le bon père
N'est plus qu'un vil spéculateur
Qui craint d'être trop débonnaire :
Qui, pour éviter une erreur,
Tombe dans une erreur contraire,
Tandis qu'il pourrait en ce lieu,
Prendre un raisonnable milieu.
   Après maint diffus verbiage
Entre le frère et le papa
Qui toujours en demeure là,
(Ce dont l'Entremetteur enrage,)
Pour comble de déloyauté,
Le père veut, par artifice,
Justifier son avarice;
Et pour ce, propose un traité
Où sa folie et son caprice
Sont poussés à l'extrèmité :
Il veut qu'un frère pour un frère
Fasse ce que lui, *tendre père*,

Ne veut faire pour son enfant ;
« Si le frère, dit-il, refuse,
» Du combat je sors triomphant. »
Mais dans son calcul il s'abuse.
Le frère accepte, et ce moyen,
Malgré cela ne produit rien ;
Naguère ils étaient tous avares,
Par un prodige des plus rares,
Ils deviennent tous généreux,
Et l'affaire n'en va pas mieux :
L'amant qui, malgré sa famille,
Sans dot, veut épouser la fille,
En ce moment levant le front,
Vient faire aussi le rodomont
Et prêcher comme un petit ange :
Mais comme il faut que tout s'arrange,
La pièce finit, dieu merci !
Et je n'y trouve rien d'étrange,
Si ce n'est qu'elle a réussi.

LE CAFÉ DU PRINTEMS.

Puisque le hasard est propice,
Et qu'il me reste un peu de tems,
Je vais te tracer une esquisse
Du petit *Café du Printems.*
  Monsieur Giffar, vieil imbécille,

Comme un gros butor, est coiffé
De la maîtresse du café ;
Mais sa recherche est inutile. . . .
Quand je dis la maîtresse. . . . non,
Je me trompe, c'est de la fille,
Laquelle est vraiment fort gentille ;
Je ne puis te dire son nom,
Mais n'importe. . . . la demoiselle,
Bien faite pour en inspirer,
N'est pas également cruelle
Pour ceux qu'elle fait soupirer.
Raymond, neveu de notre bête,
Lui trotte déjà dans la tête,
Lorsque mon benêt complaisant,
Croit qu'un roman attendrissant
De son objet peut toucher l'âme.
A la lecture qu'elle en fait,
Elle s'attendrit, en effet,
Mais ce n'est pas pour le vieux sire,
C'est pour l'intéressant neveu,
Qui, sans se troubler et sans rire,
Tire les épingles du jeu.
  Une gentille bouquetière
Vient vendre ses fleurs au café ;
Aussitôt notre âne coiffé,
S'approchant de la jardinière,
Lui dit, en se battant les flancs :
« Combien tout cela ? — Douze francs.
» — En voilà quinze, ma petite,
» Et donnez-les pour un écu
» A la maîtresse de ce gîte. —

» Monsieur, soyez- en convaincu. »
Il s'en va : la belle s'acquitte,
Et fait avec précision
Sa petite commission.
Madame la limonadière,
Experte en pareille matière,
En profitant du bon marché,
Voit bien, qu'envers la bouquetière,
Quelque soupirant s'est lâché.
D'abord, mon cher, il est utile
De dire, avant d'aller plus loin,
Qu'un ami de notre imbécile
De tout ce tran tran est témoin,
Aussi bien qu'un monsieur Drouville,
Qui, pour la maîtresse du lieu,
Brûle d'amour à petit feu.
    De cette aimable politesse,
Drouville est accusé d'abord,
Lequel, sans ruse et sans finesse,
Leur proteste que c'est à tort;
Enfin on demeure d'accord
Qu'une telle galanterie
Ne peut être qu'un charmant jeu
De Raymond le petit-neveu.
    Une nouvelle tragédie
Qu'on doit jouer le lendemain,
Fait que notre vieux roquentain
Croit faire un trait digne d'éloge,
En louant bien vite une loge
Dont il fait passer le billet

Dans un anonyme poulet (*).
Très-sensibles à tant de graces,
On attribue au même auteur
Cet hommage nou moins flatteur.
    La loge étant à quatre places,
Drouville et la dame du lieu,
La demoiselle et le neveu
En occuperont chacun une :
Ce qui fait chacun sa chacune.
    Le vieux fou de tout est instruit,
Excepté du nom de l'imberbe
Qui, sous le pied, lui coupe l'herbe.
Voyant que rien ne réussit,
Il invente une autre merveille
Dont il fait faire le récit
Par son ami qui tout surveille ;
Il feint qu'une blessure au bras
Est la suite d'une querelle
Et du plus rude des combats
Qu'il a soutenu pour sa belle.
Mais à cette étrange nouvelle,
La belle, ainsi que sa maman,
Craignant d'être en but aux cau can,
Font tapage de belle sorte ;
Disant qu'une telle action
Peut, à leur réputation,
Porter une atteinte assez forte ;
Et pour apprendre au vieux hibou,
A l'avenir, d'être moins fou,

(*) Il ne faut pas oublier que ces vers sont du Gros-Caillou.

On le met de suite à la porte.
   Enfin quand notre original
Dans son neveu trouve un rival,
Il crie, il menace, il s'emporte ;
Quand il s'est assez emporté,
Qu'il a juré, crié, pesté,
Il prend le parti le plus sage,
Et consent à leur mariage :
La pièce, où brillent mille traits,
Finit par de jolis couplets.
   Mais il me reste un mot à dire
Sur une scène où notre auteur
Nous a fait passablement rire ;
Elle se passe entre un acteur
Et mons Ledru, chef de cabale ;
Ensemble ils viennent consulter,
Et chacun doit bien se douter
Que c'est le premier qui régale,
Car vois-tu, mon cher, à Paris
Tout se transforme en marchandise,
Et chaque chose y vaut son prix ;
Les succès sont une entreprise
Qui n'est pas d'un mince rapport,
Et tel acteur qui nous plaît fort,
Serait resté dans la poussière,
Oublié de la terre entière,
Sans les Ledru, sans les Leblond (*),
Dont le talent vaste et profond,
Moyennant telle ou telle somme,

(*) Noms en l'air.

D'un benêt sait faire un grand homme.
   Un acteur veut-il parvenir ?
Combien d'argent, combien de peine,
De tracas, d'ennuis et de gêne,
En coûte-t-il pour réussir !
Il faut tant, à la kirièle,
Pour le simple applaudissement ;
Si vous voulez avoir la grèle (**)
Il faut parler bien autrement :
Résistez-vous à l'ordonnance ?
Fussiez-vous encore plus parfaits,
Vous pouvez être sûrs d'avance
D'avoir *la grèle* des sifflets.
Combien d'acteurs ont pris leur course
Par un élan précipité,
Qui n'ont puisé que dans leur bourse
Leur brillante prospérité ;
Et combien d'autres, au contraire,
Par un destin fort inégal,
N'ont éprouvé le sort fatal
Que pour n'avoir pu satisfaire
A l'impôt *claquetorial*.
Adieu, mon cher, sur ce chapitre
Si je voulais te dire tout,
Je ne viendrais jamais à bout
De voir la fin de cette épître.

FIN.

(**) Terme de l'art qui signifie applaudissement
précipité et bien nourri.